MAURICE BARRÈS

DE L'ACADÉMIE FRANÇAISE

Une Visite à l'Armée Anglaise

LES GOURKAS ET LES SIKHS — LES CANADIENS
LES SOLDATS DE LA MÉTROPOLE — LE SERVICE D'ARRIÈRE
L'EFFORT ANGLAIS — L'AMITIÉ CANADIENNE
LE DÉFILÉ DES RACES AMIES DE LA FRANCE

LIBRAIRIE MILITAIRE BERGER-LEVRAULT

PARIS
RUE DES BEAUX-ARTS, 5-7

NANCY
RUE DES GLACIS, 18

1915

Une Visite

l'Armée Anglaise

Il a été tiré de ce volume cinquante exemplaires numérotés à la presse :

10 sur papier du Japon (Nos 1 à 10);

40 sur papier de Hollande (Nos 11 à 50).

MAURICE BARRÈS

DE L'ACADÉMIE FRANÇAISE

Une Visite à l'Armée Anglaise

LES GOURKAS ET LES SIKHS — LES CANADIENS
LES SOLDATS DE LA MÉTROPOLE — LE SERVICE D'ARRIÈRE
L'EFFORT ANGLAIS — L'AMITIÉ CANADIENNE
LE DÉFILÉ DES RACES AMIES DE LA FRANCE

LIBRAIRIE MILITAIRE BERGER-LEVRAULT

PARIS — RUE DES BEAUX-ARTS, 5-7

NANCY — RUE DES GLACIS, 18

1915

ERRATUM

C'est par erreur qu'à l'imprimerie, pour remplacer un mot supprimé, à la page 2, par la Censure, on a employé le mot localité. *Le lecteur lira* petite ville.

M. B.

UNE VISITE A L'ARMÉE ANGLAISE

I

Je suis allé visiter dans nos départements du Nord les armées anglaises.

Qui de nous ne s'est pas cent fois demandé, peut-être avec impatience : « Où en est donc l'Angleterre ? » Nous entendons les appels de lord Kitchener aux volontaires et de M. Lloyd George aux ouvriers, mêlés au formidable halètement des usines, des ateliers et des hauts fourneaux ; nous sommes impatients d'apprendre des résultats positifs et de voir ce qu'est devenue la « misérable petite armée du maréchal French ». Cette année qui s'achève nous a-t-elle vraiment rapprochés du jour où les Alliés seront matériellement plus forts que les Austro-Germains?

On m'a offert de me conduire dans Ypres, Armentières, Albert, en Belgique, dans le Nord, le Pas-de-Calais, la Somme, la Seine-Inférieure, partout où je pourrai utilement regarder et interroger. On m'a demandé de dire à mes lecteurs, sans parti pris de plaire ou de déplaire, ce que je verrai et entendrai.

J'ai accepté avec empressement.

Et voilà comment il y a une dizaine de jours, un dimanche, vers la fin de l'après-midi, j'arrivais dans une certaine localité du Pas-de-Calais. Son nom? Je ne puis vous le dire, et d'ailleurs il éveillerait dans votre mémoire des images toutes différentes de la réalité de 1915. Vous vous rappelleriez une petite ville, un peu endormie, étonnée de toute nouveauté, facile à scandaliser, et ce que j'ai trouvé, c'est quelque chose d'extraordinairement composite, une petite ville qui, n'étaient nos pensées de deuil, serait un décor d'opérette.

Dès l'abord, au seuil de l'hôtel, voici la servante joufflue, la jeune Flamande classique qui s'adresse à deux vieux Écossais en jupons et, leur tendant leurs toques à rubans, dit sans rire :

— Ces messieurs oublient leurs casquettes ?

Un officier français a l'obligeance de m'accompagner tandis que je vais saluer les divers généraux anglais dont me voici, pour quelques jours, l'hôte. Ils habitent çà et là des maisons bourgeoises qu'ils ont louées de gré à gré ou après réquisition. C'est une belle promenade par un ciel gris, en fin de journée.

Des gamins de chez nous, avec un accent impeccable, crient les journaux anglais. Leur zèle n'arrive pas à troubler le repos de la petite ville, un peu humide sous la nuit qui descend. Au reste, je perçois involontairement ces rues propres, ces maisons calmes, tout ce caractère des pays du Nord ; je n'ai de curiosité que pour les soldats en kaki que je croise. Ces Anglais ne mettent aucune turbulence militaire dans les rues ; ils ajoutent au bon ordre habituel par ces agents qui, placés à tous les carrefours, modèrent les automobiles et leur indiquent si la voie est libre.

Un bataillon s'avance, précédé de fifres et de tambours, dont la mélopée aiguë et monotone paraît l'enchanter plus que de raison. Je suis frappé de l'honnêteté et du sérieux de tous ces jeunes visages. C'est une première impression sans doute, mais elle est forte, et je la note dans sa naïveté. Je n'ai jamais vu une expression plus complète de bonne volonté. Si j'étais peintre, je noterais la figure du soldat qui veillait à la porte du maréchal French. Il y avait sur la physionomie de ce jeune garçon, d'une manière saisissante et touchante, le sentiment du devoir.

Le sentiment du devoir, la bonne volonté, voilà ce que je vais constater chez les soldats et les officiers anglais tout le long de mon voyage, et, dès ce premier pas, mon guide me l'explique d'une manière très juste en me disant :

— Vous avez devant vous l'armée de Kitchener, dont le caractère essentiel, c'est qu'elle est une armée de volontaires. Ces jeunes gens sont là parce qu'ils l'ont bien voulu, parce qu'ils ont jugé qu'ils ne devaient pas refuser ce que Kitchener demandait et déclarait être le devoir.

Et comme là-dessus je commence à réfléchir et à poser des questions, mon guide me dit :

— Les Anglais ont l'intention de vous promener à travers leurs armées et leurs services d'arrière. Vous serez étonné de ce que vous verrez et que notre public français ignore encore complètement. Comment pourriez-vous soupçonner une pareille improvisation qui est un vrai prodige? Moi, qui vous parle, au début d'août 1914, j'avais été envoyé à Boulogne pour attendre les Anglais. J'attendais. Tout le monde en ville haussait les épaules et disait : « Ils ne viendront pas. » Le 10 août, on vit monter du port une voiture pleine de leurs officiers. Ah ! cette apparition! La ville entière éclata en applaudissements. C'était en effet l'état-major arrivé par le paquebot, tout simplement, pour préparer le débarquement. Voilà le début : vous verrez avec quelle force ascendante, depuis un an, ils s'organisent.

Tout en causant, nous faisons nos visites. De simples présentations. Toujours le même décor : des rez-de-chaussée transformés en bureaux, vidés de leurs meubles bourgeois, remplis de tables en bois blanc sur lesquelles sont étalées des cartes. Là dedans, des officiers en petit nombre, à l'allure de gentlemen, que de moi-même je ne prendrais pas nécessairement pour des soldats. Et toujours la même conversation en quatre phrases : Ne craignez pas de nous faire connaître ce qui vous intéresse, nous répondrons à vos questions et nous vous montrerons ce qui peut vous instruire.

Le maréchal French me dit :

— Par la victoire de la Marne, le général Joffre s'est placé au rang des plus grands hommes de guerre que le monde ait vus.

Pour finir la journée, je dîne chez l'un des généraux avec son état-major. Une vingtaine d'officiers ; un seul est « civilien » comme ils disent, et engagé pour la durée de la guerre; les autres ont servi aux Indes, fait la guerre des Boërs. Un ou deux parlent couramment le français; presque tous l'entendent. Nous sommes dans la salle à manger d'une bonne maison de petite ville comme vous en connaissez des centaines, mais le service, la cuisine, les mœurs, l'atmosphère nous mettent au centre de l'Angleterre. Ce qui me frappe d'abord, c'est la grande qualité anglaise, la tranquillité. Nul désir de produire de l'effet, nulle vanité, le goût du positif et du vrai. Ils ne font pas de difficulté pour poser nettement la situation :

— Nous n'étions outillés, ni les uns ni les autres, pour la guerre. Seuls les Allemands étaient prêts, puisqu'ils la voulaient et qu'ils s'en étaient fixé la date. Les Russes n'étaient pas prêts, les Français ne l'étaient pas tout à fait, et nous, les Anglais, encore bien moins. Mais maintenant nous nous y sommes mis. Vous savez, les Anglais sont lents à partir, mais, une fois mis en train, ils ne lâchent jamais.

Il faut aller jusqu'au bout. Là-dessus, ils sont unanimes.

— N'est-ce pas, Monsieur Barrès, qu'après la guerre aucun Français ni aucun Anglais ne voudront jamais serrer la main d'un Allemand ?

Ils n'éprouvent que mépris pour la manière dont « les Boches ont déshonoré la guerre ».

— Au début, me disent-ils, nos soldats ne détestaient pas les Allemands. Maintenant ils les passent à la baïonnette en criant : *Lusitania!*

Je crois distinguer des hommes de sport, qui tiennent pour honteusement disqualifié celui qui a manqué aux règles du jeu.

Chacun d'eux a une parfaite confiance dans l'issue de la guerre, une confiance sérieuse que la toute-puissance de la Grande-Bretagne va se développer d'une manière irrésistible contre un ennemi dont la force offensive est déjà en régression, et, paisiblement, chacun d'eux, dans son horizon limité, accomplit sans fièvre sa tâche. Avant de se remettre au travail, dans cette heure de délassement du repas, ces hommes supérieurs s'amusent comme de grands écoliers. Ils ne se lassent pas d'appeler les Allemands des « Boches », en articulant le mot avec énergie. L'un d'eux raconte qu'il est allé dans un Alhambra, il dit avec humour qu'il n'aime pas les ouvreuses. Elles ne sont jamais jeunes et elles demandent toujours de l'argent. « Ce sont les Boches de l'intérieur », dit-il. Puis il s'excuse plaisamment de les avoir calomniées.

Après dîner, il y a réception à la mairie. Les conseillers municipaux et les notables ont invité les officiers anglais. Échange de discours. Le maire exprime cette idée que toute la population sait gré aux Anglais du concours qu'ils apportent à la défense de la terre française. Un de leurs généraux répond : « Vous ne nous devez aucune gratitude. C'est l'Angleterre que nous défendons. » Si les allocutions officielles ont ce caractère vrai, les conversations privées peuvent serrer de plus près encore la réalité. Je demande au maire, entre quatre yeux, comment ses administrés s'entendent avec les Anglais ?

— Tout à fait bien. Nous n'avons pas eu une seule difficulté qui soit allée jusqu'à un procès. Nos commerçants gagnent beaucoup d'argent. La classe bourgeoise, les propriétaires sont plus contrariés : les Anglais ont beau payer largement, c'est gênant, vous le comprenez, d'être réduit à quitter sa propre maison ou d'y habiter quelques chambres étroites. Mais tous les chefs anglais sont des gentlemen irréprochables, et leurs soldats sont très aimés dans les villages, où ils partagent volontiers avec nos paysans leurs rations abondantes.

Voilà ma première demi-journée au milieu des Anglais. Je n'ose pas encore porter un jugement ; je n'ai rien vu, mais ces notables et ces officiers français, qui les voient chaque jour et que j'ai interrogés, sont très affirmatifs dans l'éloge. Demain je vais parcourir avec eux leurs divisions du front, leur camp, leurs hôpitaux, leurs magasins, prendre le contact de leurs installations vivantes.

26 août 1915.

II

LES GOURKAS ET LES SIKHS

Je suis allé dans Ypres, Albert, Armentières, dans trente villages plus ou moins démantelés et dépeuplés. Sur ces routes jonchées des branchages que les shrapnells ont coupés, nous roulions rapidement, et les Anglais assis de loin en loin au talus du fossé faisaient signe de la main à nos automobilistes d'avoir à se hâter. Était-ce souci de notre sécurité ou de la leur, compromise par l'éveil que notre petit cortège et son nuage de poussière pouvaient donner aux Allemands?

On arrive, on erre dans ces Pompéi vivants et frissonnants, on regarde les formes bizarres créées par le caprice des obus; on sympathise avec les vestiges d'humbles richesses familiales, écrasées sous les décombres; on interpelle amicalement les enfants qui courent pleins d'insouciance au milieu d'une ville plus que jamais riche en cachettes; on serre la main des quelques habitants qui s'obstinent à travailler dans ces enfers, puis tout d'un coup les destructeurs au milieu de ces destructions veulent que l'on pense à eux. Au-dessus d'Ypres un aviatik fuyait, poursuivi par des éclatements de shrapnells qui mettaient dans le charmant ciel bleu des touches successives de brouillards. On eût dit des marques de craie sur un billard d'azur.

J'ai vu, demi-noyé sous les flots du Nil,

le temple d'Isis à Philœ, tel que le laissa le marteau des chrétiens; j'ai vu au-dessus de Byblos, à la source du fleuve Adonis et dans le cirque des rochers sacrés, le sanctuaire d'Aphaca ruiné par ses ennemis et par le tremblement de terre. Les dieux, les siècles, la crue du fleuve, les secousses du sol, ont moins agi que n'a fait le bombardement des Prussiens sur des cités bâties de briques. Les fameuses halles des drapiers et la cathédrale d'Ypres sont en poussière par terre, la Vierge d'Albert se maintient par prodige sur son église démantelée. Comme solitude, il n'y a pas mieux dans le monde. On peut rouler hardiment dans ces rues sans craindre d'y écraser personne.

Ce décor de guerre est curieux, émouvant, mais je l'ai vu depuis Belfort et tout le long du front, d'une désolation toujours pareille. L'essentiel, c'est le soldat. Je suis venu voir les forces métropolitaines et coloniales de la Grande-Bretagne, l'armée de Kitchener et puis les troupes indigènes. J'avoue que mon imagination se tournait avec impatience vers ces dernières. Les levées indiennes, canadiennes, australiennes et de la Nouvelle-Zélande constituent l'une des prodigieuses surprises de cette guerre des nations.

Le premier Hindou que j'ai rencontré, c'était au soir tombant dans les Flandres, à deux pas d'un village en ruine. Je regardais la solitude sous le ciel bas. Quelques femmes chargeaient des gerbes sur une voiture, des petites vaches paissaient le long d'une haie de saules, des trembles frissonnaient, et voici au milieu de la route un Indien du Pendjab qui s'avance. Il venait d'un bon pas de facteur rural. Son turban, son kaki étaient trempés de pluie et de boue. Dans un autre décor et quelques agrafes précieuses étincelant à son col et sur sa coiffure, il aurait eu l'air d'un fils de roi. Nous le regardions avec plaisir, mais lui, il était si bien devenu un familier de ces villages, un oiseau de ce bas pays, qu'il passa sans nous jeter un coup d'œil.

Le même soir, dans cette plaine un peu aquatique des Flandres, on nous ménagea l'occasion d'examiner une troupe de Gourkas, au moment où ils allaient prendre la relève des tranchées.

Ces petits hommes trapus, aux figures de bronze où seuls remuent les yeux, étaient rangés d'un côté de la route sous les arbres. Je les aurais pris pour des Japonais. Quelques-uns d'entre eux, sauf erreur de ma part, mêlent à ce type de la race jaune des traits boursouflés tout parents des nègres. Ce sont des montagnards. Leur arme favorite est un couteau recourbé, une sorte de faucille. En paix comme en guerre, ils l'ont toujours à la ceinture et s'en servent pour couper les branches, construire les huttes. « Cela fait merveille dans les corps-à-corps de la guerre de tranchées », me dit leur colonel qui ordonne à l'un d'eux de mettre dans mes mains ce large poignard ou *koukhri*. J'admire l'instrument et son propriétaire. Sa figure jaune et bridée n'exprime rien. Ses yeux s'agitent d'une manière farouche et semblent fuir le regard. « Pauvres Boches ! » dis-je au colonel. Et, de fait, voilà de fameux guerriers. On dit qu'ils voient clair la nuit et que leur grand art, c'est de se glisser à travers les fourrés de leurs hautes vallées, sur les pentes de l'Himalaya, et de surprendre leur adversaire pour lui couper la langue..... Du moins telle serait leur tactique naturelle, si la civilisation britannique n'intervenait pour la tempérer.

Quand ils arrivèrent en novembre, décembre, et qu'ils virent la grande plaine détrempée d'où n'émergeait aucune montagne sur laquelle ils pussent s'orienter, leurs âmes parurent d'abord s'attrister. Sous la pluie, le froid, se taisaient-ils en grelottant, comme nous avons vu souvent nos Africains? Soupçonnaient-ils quelque diablerie dans l'effroyable tapage de la grosse artillerie allemande? Le premier rayon de soleil les a rassurés. C'est une guerre qu'ils n'avaient pas prévue, mais enfin c'est une guerre. Ils y prennent aujourd'hui leur plaisir, et s'étant accommodés du ciel flamand, ils rampent la nuit, dans la boue, vers les patrouilles ennemies, comme des tigres mouillés.

Deux jours après que j'avais admiré cette infanterie mystérieuse, ces visages énigmatiques de la plus profonde Asie, il m'a été donné de voir défiler la cavalerie, les Sikhs du Pendjab, hauts et forts, la figure noble, montés sur de jolis chevaux. Tous, bêtes et gens, éclatants de santé. A l'encontre des Gourkas, les Sikhs ne coupent jamais leur barbe ni leurs cheveux. Leur barbe est roulée curieusement sur leurs joues, leur chevelure relevée et cachée sous de hauts turbans. Ce ne sont plus ces yeux bridés qui m'avaient étonné avant-hier et qui semblent plantés de travers sur la figure, mais de beaux traits réguliers, des ovales allongés, des teints clairs et dorés. Salut à nos frères Aryens, costumés en rois mages.

Placé au bord de la route, sur un tas de cailloux, je regardais s'écouler sous les peupliers de France ces beautés et ces raretés de l'Orient. Un paysan arrivait avec sa charrette, l'officier français adjoint à l'état-major anglais le pria de se ranger sur le côté du champ, pour ne pas troubler le défilé, et c'était bien curieux, ce vieil homme de chez nous cédant le pas à ces prodigieux étrangers dont il soupesait avec amitié la qualité et la quantité.

Durant ce long défilé monotone, si excitant pour l'imagination, je ne me lassais pas de poser trente questions, dont une seule m'intéressait profondément : « Que pensent ces Indiens, Sikhs ou Gourkas? Quelle idée se font-ils de cette guerre? Pour qui, pour quoi se battent-ils? »

— Eh! me dit en riant un Anglais, ils savent que le Boche est une sale bête.

Il y a bien de la sagesse dans cette boutade. Après un an de guerre, on se bat pour rendre les coups. J'insiste pourtant. On me dit : Ils se battent parce que c'est l'ordre du « Raj ». Comme un croyant obéit à Dieu, ils obéissent au gouvernement, au « Raj » qui est la Providence terrestre, la pierre angulaire, le quelque chose central qui n'est pas discuté. De même que le Dieu a dit : « Il ne faut pas voler », le « Raj » a dit : « Il faut se battre. »

La puissance du Raj est incarnée communément dans le rajah. Cinq ou six rajahs sont venus à l'armée anglaise. Ils séjournent un ou deux mois, retournent aux Indes, les uns après les autres, et en reviennent, de manière que deux ou trois d'entre eux soient toujours présents dans les états-majors. Ils y vivent d'ailleurs sans faste, n'ayant qu'un ou deux aides de camp.

On me parle du rajah de Jodpur, un vieillard fort âgé, qui n'est pas le prince régnant, mais son oncle, et qui a le plus grand prestige. Et je me rappelle que Chevrillon nous a raconté que ces souverains de Jodpur, à travers cent trente-neuf générations, font remonter leur généalogie jusqu'au Soleil, qui fut le grand-père de Rama.

Un général ne m'a pas permis de m'exciter trop l'imagination. Ces héros mythiques, il les ramène à notre portée.

— Oui, me dit-il, autrefois, ces Sikhs constituaient une caste de guerriers, s'équipaient à leurs frais, ne voulaient rien faire d'autre que de se battre. Mais aujourd'hui, dans les Indes, le sabre cède partout à la plume et à la charrue. Ces beaux cavaliers envoient leur solde à leurs familles pour acheter de la terre qu'ils cultiveront à leur retour.

Le lendemain, je visitais un camp-hôpital, où les Indiens sont soignés (admirablement) sous la tente. On me facilita une conversation avec un officier des Sikhs. Il y a dans l'unité combattante dix-sept officiers indigènes pour treize officiers anglais. Celui-là était un Indien, largement décoré, blessé dans des circonstances magnifiques et d'une superbe figure loyale. Avec son maillot de laine Rasurel et son gros ventre, il avait l'air du plus honnête maréchal ferrant de nos villages. Et je me disais que ces lointains étrangers qui nous étonnent en défendant à nos côtés la terre de France sont de bien près nos parents. Ils se plaisent à se rapprocher de nos paysans, avec qui ils conversent par signes, et j'ai vu un enfant qui leur apprenait le français, selon la méthode Berlitz : il disait « couteau », « pomme de terre », en pelant une pomme de terre, et les Indiens s'appliquaient à répéter les deux mots.

28 août 1915.

III

LES CANADIENS

Sous un bois, quelque part dans les Flandres, j'ai vu les huttes des Canadiens, faites d'arbres sciés en longueur et toutes pareilles à celles qu'ils construisent pour la chasse ou pour l'habitation, là-bas, dans la prairie, au nord des Grands Lacs. C'est le grand village des Natchez que René a vu sur la rive du Meschacebé : « ... les guerriers jouaient à la balle avec des raquettes garnies de peaux de serpent; d'autres avaient de vives contentions aux jeux des pailles et des osselets; un plus grand nombre exécutaient la danse de la guerre ou celle du buffle, tandis que des musiciens frappaient avec une seule baguette une sorte de tambour, soufflaient dans une conque sauvage, ou tiraient des sons d'un os de chevreuil percé à quatre trous. »

Les couleurs de cette page ont vieilli, la mode a changé, mais on trouve dans l'armée canadienne une survivance des vieux romans de la prairie. On m'a montré, sous l'uniforme kaki, des trappeurs qui emploient contre l'ours allemand les mille bons tours de leur métier. Ils chassent le Boche avec l'astuce des anciens chasseurs de chevelure ou du moins des chasseurs de fourrures, adoucie par l'humanité anglaise. « Nos Canadiens, me dit un officier du camp, ont pris immédiatement sur l'ennemi un ascendant moral et matériel sans conteste, au point de vue des patrouilles. » Et il multiplie les détails probants.

Tandis qu'on suit au sillage les Allemands qui rampent dans les champs de blé, les Canadiens savent s'y glisser sans que bouge un seul épi. Ils restent des heures entières à l'affût, couchés sur le dos et regardant derrière eux à l'aide d'un petit miroir. Quand le Boche, rassuré par ce long silence du champ immobile, se hasarde, il est pris, étranglé ou ficelé en deux secondes. L'autre jour, après une série de ces affûts heureux, les « trappeurs » firent parvenir à la tranchée allemande ce simple billet : « Inutile de renvoyer une autre patrouille ; ce sont les Canadiens que vous avez en face de vous. »

Au moment de ma visite, le camp déplorait la mort d'un Peau-Rouge. Je me suis associé bien sincèrement à ces regrets. C'était un engagé volontaire et l'authentique représentant de la race célébrée par Chateaubriand, Fenimore Cooper et Gustave Aymard. Un Algonquin? Un Iroquois? Peut-être un Natchez. Avait-il un visage féroce adorné de rouge et de noir, les oreilles étirées par de grands anneaux pendants, une aigrette de cheveux au sommet du crâne et sur tout le corps de larges tatouages farouches? Il était vêtu de kaki, mais il avait hérité l'âme du vieux peuple agonisant des prairies. L'ardeur de son courage s'alliait à un calme sans exemple sous la mitraille. « Ah! me dirent ses camarades, si vous l'aviez vu quand il s'en allait au combat de son pas cadencé, un pas fléchi sur les articulations qui semblait l'allure d'un homme au trot! » Il multipliait les actes de la bravoure la plus surprenante, car il voulait faire admirer sa race. Ses chefs le proposaient pour la Victoria Cross quand il tomba au champ d'honneur. Une nouvelle fois, le dernier des Mohicans venait de mourir.

J'entends bien que parmi ces volontaires il y a beaucoup de Canadiens récents, nés en Angleterre ou fils d'émigrants. Tous ne sont pas du sang des trappeurs ou des Peaux-Rouges; c'est entendu, mais autour de ces types accusés se groupent leurs variétés, leurs nuances et leurs mélanges. Sans qu'ils soient, tous, des Coureurs de bois, c'est un fait qu'ils manquent de la discipline froide, méthodique de l'Anglais, et qu'en revanche ils sont plus que lui délurés, entreprenants, ingénieux dans l'attaque. Et puis, à les observer, combien apparaissent de vieux traits tenaces!

J'examinais dans un vaste dépôt en plein air leurs voitures d'équipages militaires, toutes marquées de la feuille d'érable, quand mon regard tomba sur une petite tente dressée, dont la toile était barbouillée de hachures bizarres peintes en vert.

— Qu'est cela? dis-je.

— Une tente d'officier canadien.

— Mais ces signes verdâtres?

— Oh! rien. On a camouflé la toile pour que, vue de haut, elle se confonde avec les prés et les bois.

— Pardon! n'avez-vous pas un Canadien avec qui je puisse causer?

Je venais de reconnaître au milieu d'hiéroglyphes variés une tête de chat, dont j'ignore le sens, la main noire, popularisée chez nous par les romans de Stevenson et, ce qui m'intéressait plus, le signe de Svastika, symbole au nom indien, emblème de bon augure, bien connu des archéologues.

Chacun a ses manies. Ces deux branches coudées qui se croisent, ce talisman qui nous vient du fond des âges enchante mon esprit, et j'avais jadis voulu que *Svastika* fût le titre et la pensée centrale de la *Colline Inspirée.*

Un jeune soldat du pays de Québec, que l'on venait d'appeler, me dit en excellent français, avec l'accent normand, que c'était un dessin qu'on mettait pour s'assurer la chance.

C'est la première fois que ce vieux talisman, qui nous est venu du plus lointain des âges et que les menuisiers de Lorraine, il y a une centaine d'années, mettaient encore par tradition au front de leurs armoires, a été senti, pensé devant moi comme un signe vivant (1).

J'ai continué ma conversation avec mon Canadien.

— Dites-moi, comment avez-vous eu l'idée de venir faire ici le coup de fusil contre les Boches?

— Eh! me dit-il, il fallait bien aider aux Français et aux Anglais.

Cela était dit d'un ton solide et franc, par un homme qui connaît sa force et qui a pesé sa résolution. L'Angleterre nous amène là de bien beaux soldats.

Mais je donnerais d'eux une idée imparfaite si, après avoir noté qu'ils ont recueilli le vieux génie individualiste de la Prairie, je ne célébrais leur solidité et cette cohésion dont ils donnèrent la preuve

---

(1) Voir la note à la fin du volume.

la plus glorieuse à Steenstraete, le soir du 22 avril.

C'est ce soir-là (au début de la seconde bataille d'Ypres), que les Allemands employèrent pour la première fois les gaz asphyxiants. Vers 5 heures de l'après-midi, d'épaisses fumées jaunes sortirent de leurs tranchées entre Langemarck et Bixschoote et commencèrent de glisser sur la division française qui occupait le terrain de Steenstraete jusqu'à la route de Poelcapelle. Au premier moment, personne ne se rendait compte de ce qui arrivait. La fumée et les vapeurs cachaient tout, et des centaines d'hommes entraient dans le coma, de telle sorte qu'en l'espace d'une heure toute la position que nous occupions se trouva conquise par la mort.

Un trou s'ouvrait, la brèche était faite.

Le maréchal French écrit : « Après

toutes les preuves que nos braves alliés ont données de leur courage et de leur ténacité dans tant de situations difficiles où ils se sont trouvés au cours de cette campagne, toutes les considérations seraient superflues. Mais je tiens à exprimer ici la conviction que s'il y avait au monde des troupes capables de tenir leurs tranchées sous une attaque aussi perfide et aussi inattendue, la division française aurait tenu. »

En arrière de ce trou, dans cette brèche ouverte au milieu de nos rangs par les fumées mortelles, se trouvaient une quarantaine de pièces désormais sans couverture. Leurs officiers et leurs servants se firent tuer dessus. Un officier demeuré seul tira le dernier coup. Ce sacrifice héroïque donna le temps à un régiment d'arriver et de contre-attaquer, pendant que les Canadiens contre-attaquaient eux-mêmes de flanc.

Ils furent admirables, ces Canadiens! Découverts du côté français, dangereusement exposés à la plus lourde attaque de côté, ils tinrent bon. Cette ténacité et leur offensive immédiate ont évité un désastre.

Au milieu d'eux s'étaient jetés quelques Français, de ceux que le gaz n'avait pu saisir et terrasser. Puisque cette force d'enfer les obligeait à quitter le terrain, ils couraient sur leur gauche continuer la bataille. L'un de ces réfugiés était un chef de bataillon. Les chevaleresques Canadiens voulurent qu'il prît le commandement. Alors, se tournant vers la poignée de tirailleurs, de zouaves et de turcos qu'il avait ralliés, il leur cria : « Faisons voir à ces braves Canadiens comment sait mourir un soldat français. »

Je m'excuse de ne pas connaître le nom de ce héros, dont l'histoire me fut racontée chez les Anglais. Le jour où nous élèverons à l'est d'Ypres une colonne à la gloire des Canadiens, il y faudra inscrire le nom du Français qui eut l'honneur de tomber, avec leurs chefs, à leur tête [1].

30 août 1915.

---

(1) Nul doute aujourd'hui sur ce nom, c'est le commandant Seguy-Villelaleix. Voir, aux notes, les deux lettres.

IV

LES SOLDATS DE LA MÉTROPOLE

J'AI insisté sur le plaisir que j'avais pris à voir ces Indiens et ces Canadiens dans nos plaines du Nord. Quand ils défilent sous les arbres d'une route de France, pour nous qu'ils viennent secourir et qui les regardons, émus et songeurs, ne sont-ce pas des minutes chargées de siècles? Que d'idées dans un tel tableau! Toutes les guerres de tous les temps, tous les grands thèmes de l'histoire y semblent pressés, roulés et se mettent à chanter indéfiniment dans notre esprit. Mais, plus encore que sa bigarrure, admirons la force de l'armée anglaise, et portons notre regard sur celui qui fait le centre, le lien, la pierre angulaire de ces divisions indiennes, canadiennes, australiennes et de la Nouvelle-Zélande; venons aux soldats de la métropole.

Que de fois je les ai rencontrés, au cours de cette semaine, les jeunes volontaires de la vieille Angleterre, allant et venant de leurs cantonnements à leurs tranchées : figures rouge brique et baignées de sueur, démarche élastique, toujours au pas, impassibles, effroyablement chargés, et les officiers, jusqu'au colonel excepté, à pied aussi et portant le sac. Et puis derrière eux les solides voitures, les mules, l'immense bel ordre de leurs services.

J'ai assisé à deux de leurs revues-parades. La première quand lord Kitchener et

Millerand visitèrent ensemble le Pas-de-Calais; une seconde où nous avons eu l'honneur de passer, le chapeau à la main, dans les rangs d'une superbe division nouvellement débarquée. L'excellence d'un matériel entièrement neuf et la bonne volonté des âmes frappaient avec la force de l'évidence. Nous étions là quatre Français. Quand nous allions partir, le général anglais a commandé :

— Chapeau bas.

Tous les soldats ont enlevé leurs coiffures.

Il a crié :

— Vive la France !

Ils ont mis leurs casquettes au bout de leurs fusils et poussé de longs hourras pour la France.

Cela se passait dans une prairie française, entre un village et un petit bois. Les gens du village, curé et maire au centre, rangés à l'orée du bois, assistaient, le cœur battant, les yeux mouillés, à ce grand spectacle prometteur de victoire.

Un autre jour, j'ai visité leurs écoles de cadets et de mitrailleurs. C'est un grand problème, celui de la formation de l'officier. Il se pose chez les Allemands, chez les Anglais, chez les Russes, chez les Français. On écrirait un chapitre d'un prodigieux intérêt, si l'on était à même de tout savoir et de tout dire sur la manière dont chacune des nations engagées dans cette guerre meurtrière répare ses cadres et recrute ses officiers. Les Anglais ont leurs cadets qui sont analogues à nos aspirants officiers.

— Vous, un tel, disent-ils dans la tranchée à un élève d'Oxford, d'Eton, de Cambridge, voulez-vous devenir officier?

S'il accepte, il s'en va en arrière, à quelques kilomètres des lignes de bataille, dans une installation de fortune où rapidement on lui donne la petite science de cette guerre-ci.

J'ai vu ces jeunes gens couchés sous un arbre, à plat ventre dans l'herbe, écouter un officier qui, debout au milieu d'eux, leur expliquait le mécanisme d'une grenade. Il la démontait, ils se la passaient de main en main et prenaient des notes. Plus loin, sous une large charmille, un groupe s'exerçait à placer et déplacer avec rapidité une mitrailleuse. A cent mètres de là, une troisième équipe, divisée en Anglais et « Allemands », s'était terrée dans deux lignes adverses, et, avec une superbe excitation, toute trempée de sueur, s'exerçait, je n'ose dire jouait aux tranchées.

Quel spectacle inoubliable ! Cette triomphante journée de chaleur et ce vieux parc cherchent à nous dire qu'il n'y a rien dans la vie qui vaille les plaisirs de la jeunesse; mais, sous ces grands arbres dignes du *Songe d'une Nuit d'été*, les jeunes gens de Shakespeare, fermés à ce qui n'est pas leur devoir, acceptent avec calme une destinée tragique.

Je vous dis ce que j'ai vu et naturellement ce n'est que l'écorce. Tout en circulant je causais avec mes guides éminents. J'ai cherché à savoir le moral, le tour d'esprit, la raison et les sentiments de ces soldats anglais.

— Le soldat anglais est un bon garçon, me dit un de leurs généraux... Il faut que l'officier se mêle avec ses hommes... Voyez-vous (ici le général dessine du pouce sur la nappe un demi-cercle), les trente officiers sont toujours devant un tribunal composé de leurs mille soldats. Chacun des soldats observe continuellement ses chefs, connaît leurs qualités et leurs défauts. Il faut aussi que le chef connaisse le nom, le prénom, le pays d'origine, les manières d'être de chacun de ses hommes.

Ainsi l'officier anglais, poussé au type (et il faut tenir compte de toutes les corrections qu'une telle guerre apporte à des formules trop tranchées) me semble un aristocrate qui s'accommode avec plaisir des familiarités cordiales que le sport entraîne entre ceux qui s'y adonnent avec passion. Il sait que tout sport a pour conséquence immédiate un classement des joueurs d'après leur valeur sportive. Mais j'en veux savoir plus, et je demande :

— Quel est le ressort de vos hommes? Pour qui, pour quoi se battent-ils?

Tout ce qu'on me répond se ramène à peu près à ceci :

— Le soldat français se bat pour la gloire; l'Anglais, pour le devoir.

Quand on est au milieu d'une armée on entend raconter des faits d'armes. En voici deux que l'on m'a cités à plusieurs reprises :

Un vieux sergent voit le gaz asphyxiant s'avancer en volutes des tranchées ennemies vers sa section. Il dit que des soldats anglais ne doivent pas fuir devant des nuages et qu'il se fait fort de tenir. Mais ses hommes, à demi-asphyxiés, se retirent. Il reste seul. N'y pouvant plus tenir, il s'avise de monter sur un petit mur où il échappe au gaz lourd qui traîne sur le sol. Au bout d'une heure, voici qu'il voit arriver la première patrouille allemande, six hommes commandés par un officier, qui viennent avec précaution s'assurer du bon effet des gaz. Il les laisse s'approcher à bonne portée, et tranquille comme au stand, les dégringole à coups de fusil l'un après l'autre, sauf l'officier, qu'il fait prisonnier. A ce moment, tout de même, il dut se retirer en poussant devant lui l'Allemand... Le lendemain, son général lui ayant demandé s'il désirait en récompense une faveur spéciale, il sollicita d'aller rechercher sa mitrailleuse, qu'il avait volontairement faussée lui-même, au moment où il avait dû l'abandonner.

Tel est le récit que l'on me fait. Je le compare avec la rédaction que donne du même fait le maréchal French dans son rapport officiel du 15 juin : « A lui tout seul, le soldat Lynn maintint sa mitrailleuse en action durant le temps où les gaz avançaient. Il la hissa même sur le parapet pour avoir un meilleur champ de tir. Bien que presque suffoqué par le gaz, il lança des volées de plomb contre l'ennemi et arrêta l'attaque. On l'emporta dans un réduit; mais, en entendant qu'une autre attaque était imminente, il essaya de retourner à son canon. Vingt-quatre heures plus tard il mourait dans d'horribles souffrances. »

Voilà donc un acte qui a frappé l'imagination de l'armée anglaise. En huit jours on me l'a raconté plusieurs fois et le maréchal French lui fait place dans son rapport, où il ne recueille que trois exemples de bravoure. Ni la version officielle, ni la version légendaire n'ont de ces mots à panache comme il nous en vient de nos tranchées ou de nos « ordres à l'armée ».

Ce que les Anglais me paraissent honorer dans ce fait d'armes, c'est l'abnégation d'un homme qui remplit son devoir et c'est l'excellence sportive.

C'est encore à ce point de vue que se plaçaient, ce me semble, ceux qui me racontaient la superbe prouesse que voici d'un aviateur :

Un tout jeune officier devait aller bombarder un croisement important de voies ferrées. Pour être bien sûr de ne pas manquer son but, il descendit malgré la fusillade jusqu'à 50 mètres environ du point indiqué. Mais, ainsi qu'il l'avait prévu, quand il laissa tomber sa bombe, le déplacement de l'air produit par l'explosion retourna à moitié son appareil et l'obligea à rester un temps assez long à très peu de hauteur, ce qui permit aux Allemands de lui tirer dessus. Son avion fut criblé de balles, et lui-même atteint dans les reins. La douleur était telle que tandis qu'il s'efforçait de regagner ses lignes, il ne pouvait pas voler au-dessus de cent mètres sans être pris de vertige. Il parcourut ainsi 30 kilomètres jusqu'à son champ d'aviation, où il eut l'énergie de faire un atterrissage impeccable. Il rendit compte de sa mission et déclara notamment qu'à la minute où il était si bas au-dessus de la gare, les gens du pays, depuis leurs fenêtres et dans les rues, agitaient leurs mouchoirs et l'applaudissaient. Quelques heures après, il était mort.

De tels exploits militaires pourraient être accomplis dans toutes les nations. Ce qui est particulier, c'est la manière dont les Anglais qui me les racontent mettent au-dessus de tout la bravoure calme, froide, à toute épreuve. A leur jugement, ce sont là les qualités maîtresses d'un homme.

Au reste, les armées anglaises ont beaucoup varié depuis le début de la guerre. L'armée du début, « la misérable petite armée », était faite de magnifiques soldats de carrière, ayant quatre ou cinq ans de présence au service, très rompus à la discipline, excellents manœuvriers, tireurs de premier ordre, cavaliers accomplis. Les territoriaux et les hommes de la réserve spéciale, qui sont venus après, n'avaient plus cette discipline exacte, mais les égalaient en bravoure. La mitraille a fauché tout cela. C'est alors que lord Kitchener, avec son puissant prestige sur l'imagination, entreprit la tâche de faire face à une guerre dont il dit qu'elle pourrait durer plusieurs années. Il commença le magnifique effort progressif qui demeurera dans l'histoire le miracle anglais, aussi bien que la victoire de la Marne est le miracle français.

Kitchener a trouvé des officiers dans les classes moyennes et dans l'aristocratie; il a enrôlé de bonne volonté toute l'élite des jeunes gens, au point qu'à ceux qui restent dans le civil l'opinion fait honte. Ces volontaires sont animés, plus qu'aucun des soldats qui les ont précédés, par un sentiment moral qui les a persuadés de sortir de leur bien-être pour se faire tuer. Pourquoi sont-ils venus en France? Ils le comprennent plus complètement chaque jour. Ils distinguent à cette minute que l'Angleterre et leurs intérêts propres sont en péril; mais, au départ, ils venaient simplement parce que Kitchener, en qui ils ont confiance, leur disait que c'était leur devoir.

Un membre du Parlement, le lieutenant-colonel Henry Page Croft, écrit dans le *Times* que trois millions d'hommes se sont engagés volontairement. Là-dessus, il y en a deux millions qu'une idée pure a décidés; ce ne sont que les derniers qui plus récemment ont pu comprendre que leur pays courait un danger immédiat. Une moralité d'une valeur toute exceptionnelle éclate dans cette armée, et ne fallait-il pas cette bonne volonté magnifique pour que ses instructeurs pussent faire, en six ou huit mois, de l'homme assez lourd et individuel qu'est l'Anglais, la machine souple que doit être le soldat d'aujourd'hui.

Quelques sceptiques, incomplètement renseignés, me parleront ici du bien-être matériel, du confortable dont jouissent les soldats anglais. C'est en effet intéressant à examiner. J'ai pris des notes, et nous allons voir comment, dans l'armée de Kitchener, le plus large confort s'associe à l'excellence des armes, comment le matériel vient avec abondance au secours du moral.

31 août 1915.

V

LE SERVICE D'ARRIÈRE

DERRIÈRE ses lignes de combattants, au loin jusqu'à la Seine, l'armée anglaise étend ses services et s'appuie sur de puissantes installations, déjà célèbres par leur richesse et leur bel ordre.

Pendant une semaine, de 9 heures du matin à 7 heures du soir, j'ai visité des écoles d'instruction, des centres d'aviation, des hôpitaux sur chalands, des trains d'ambulance, des convois d'ambulance automobile, des camps de convalescents, des ateliers de camions automobiles, des dépôts d'infanterie et de cavalerie, des hôpitaux de chevaux, d'immenses approvisionnements de tous ordres. Cette installation formidable, improvisée en si peu de mois, fonctionne d'une manière prodigieuse. C'est du moins l'opinion des Français qui étudient les choses depuis une année et que j'ai consultés. Et pour ma part, ce que j'ai pu voir m'a émerveillé.

Aux heures des repas, nous nous arrêtions chez quelque chef, qui nous faisait l'honneur de nous recevoir au milieu de son état-major. Nous étions là devant des généraux qui sont, en même temps que des hommes de guerre, de grands administrateurs formés aux Indes, en Égypte, au Cap, habitués à soigner les préparations d'une campagne et à ne plaindre ni la dépense, ni la peine pour établir les bases d'une longue action militaire. Leur conversation nous aidait à comprendre ce que nous avions vu. J'admirais leur paisible confiance dans la souveraine puissance de la Grande-Bretagne. C'était toujours le même raisonnement : « Nous autres Anglais, nous ne savions pas cette guerre-là. Elle s'apprend. Nous sommes lents à nous mettre en route, mais nous y sommes, et aujourd'hui rien ne peut nous arrêter... »

On se levait de table ; ils se remettaient à leur travail, poursuivi fort avant dans la nuit ; nous remontions en voiture, pour voir de nouveaux camps, de nouveaux magasins, de nouvelles richesses.

Je voudrais les énumérer, les situer les décrire et vous dénombrer les abondances d'habillements, de vivres, d'armes et de munitions (celles-ci chaque jour plus rassurantes) qui s'y accumulent. Des chiffres vaudraient mieux que des adjectifs pour vous donner une idée de ce fleuve de richesses continuellement versées avec le plus bel ordre sur l'arrière des armées britanniques. Mais je n'écris pas le Guide des aviatiks allemands.

D'ailleurs rien ne remplacerait la vue directe de ces grandes « villes blanches » (leurs camps et leurs hôpitaux sous la tente) créées en pleine campagne, de ces voies ferrées agrandies, de ces suites interminables de docks. Ah! lecteurs, si vous m'aviez accompagné, quelle confiance de victoire mettraient en vous ces accumulations qui semblent prévues pour entretenir des millions de soldats.

Voici, autant que je puisse parler, ce qui a surnagé dans mon esprit.

D'abord la plus grande admiration pour

le service sanitaire. Les Anglais n'avaient pas l'obligation gênante d'employer un matériel et des règlements vieillis; ils se sont outillés (en choses et en hommes) à la mesure de cette guerre. Ces problèmes dont nous nous tirons péniblement et chétivement, que nous n'avons pas pensés d'ensemble, mais par une série d'expédients et, maintenant encore, d'une manière mesquine, ils les règlent sous l'impulsion d'un seul homme responsable, le directeur du Service de Santé, et avec une magnificence d'argent inouïe.

En principe, ils ne veulent pas de casernes. Le combattant doit vivre et être soigné sous la tente. Il respire mieux, la propreté s'obtient plus complètement, la vermine est facile à chasser : chaque matin, on brûle tout. Je dis *tout*, sans aucune odeur. Dans le camp, qu'il soit caserne ou hôpital, des fleurs égaient le regard. Il paraît qu'elles font un grand plaisir au soldat anglais.

Dans un de ces camps-hôpitaux, j'admirais de magnifiques tentes. On m'a dit qu'elles viennent du camp du couronnement aux Indes. Et l'hiver? Elles sont chauffées par des poêles.

J'ai été ébloui par leurs dépôts d'éclopés. Là viennent ceux des soldats qui ont besoin de se raffermir par trois semaines de repos. A leur arrivée, c'est une désinfection vigoureuse : l'homme passe à la douche et au bain, les vêtements à l'étuve. Ce premier stade de purification franchi, le voilà habillé coquettement d'une chemise blanche à col mou, avec cravate rouge, d'une veste bleue au revers blanc et d'un pantalon bleu. On le mène dans un paradis, dans un jardin semé de tentes dortoirs, de tentes réfectoires et de fleurs et de bancs. Il y trouve des tennis, voire un dentiste, voire un pédicure. Et le menu ! Et les égards !

Le général avec qui je me promène rencontre sur son chemin un vieux soldat qui a fait dans les rangs français la guerre de 1870. Présentation, brève causerie sur le ton le plus simple.

— Écoute, lui dit pour finir le général, après cette guerre-ci, tu devras te reposer et te marier.

L'éclopé rit en ouvrant une bouche immense.

Je ne vais pas jusqu'à vous dire que dans ces dépôts de l'armée anglaise on fait des mariages. Retenez qu'on s'applique à y rendre la vie douce au soldat fatigué.

— Nous voulons, me dit le général,

qu'en retournant dans la tranchée, il dise aux camarades : « Tu sais, si tu es malade ou blessé, à l'hôpital, on est rudement bien. »

C'est sur un principe tout différent qu'en France nous nous réglons. Je revois en esprit le dépôt de la Courneuve, à Aubervilliers.

Il faut encore noter que dans leurs trains-ambulances et dans leurs hôpitaux, les infirmiers et infirmières sont très bien logés, nourris et payés. « Ils travaillent, ils doivent se reposer. »

J'aime recueillir ces brèves formules. Elles vous donnent la contre-partie d'une boutade qui a fait le tour de l'Angleterre et de la France. « Oui, c'est bien, mais que penseriez-vous d'un peu moins de confitures et d'un peu plus de munitions ? »

C'est un fait que l'Anglais ne marche

que bien nourri. Au Transvaal, un des premiers soins de lord Roberts a été de reconstituer les services d'intendance. Les soldats ont eu leur roastbeef, ils se sont bien battus. Leur organisme ne résiste pas comme le nôtre à la privation. Et puis quoi ! ils ont des coutumes, des mœurs, des traditions. Leurs chefs y sentiraient-ils des inconvénients qu'ils auraient tout de même à les accepter. Il faut prendre les peuples comme ils sont et tirer d'eux le meilleur parti.

Un général fait une inspection de détail et demande à l'officier gestionnaire :

— Que disent les hommes ?

— Ils voudraient un peu plus de légumes et moins de viande.

— C'est bien. Quoi encore ?

— Ils se plaignent qu'on leur donne toujours la même confiture.

Et le général a répondu :

— Il faudra y veiller.

Le Français qui assistait à cette conversation ne put en cacher son léger scandale. « Comment, dit-il au général, quand ils se trouvèrent seuls, voilà des hommes qui ont chacun leur quart de confiture par jour et des meilleures marques, et vous vous préoccupez du fait que c'est de la fraise ! Vous notez de leur procurer des prunes et des cerises !... »

Et l'Anglais de répondre :

— Au moment où ils se sont engagés, ils ont reçu l'assurance qu'ils seraient nourris conformément à un programme type que nous leur avons soumis. Il faut le remplir.

Autre histoire entre mille :

Dans un grand dépôt de pièces mécaniques, cinq ou six Anglais, en raison de principes plus ou moins bien établis, refusaient de se laisser vacciner contre la typhoïde. Le commandant du dépôt crut devoir les faire vivre à part, sous le prétexte qu'ils pouvaient constituer un danger pour les autres. Mais une série de lettres arrivèrent d'Angleterre, écrites par les familles aux autorités supérieures et disant que ces hommes, au moment où ils avaient signé le contrat, n'avaient pas pris l'engagement de se faire vacciner.

Et le général leur a donné raison.

Les soldats anglais se sont engagés à bien servir et s'il le faut à se faire tuer. Mais le Gouvernement s'est engagé à les payer, à les nourrir et à leur accorder le maximum de liberté que l'état de guerre permet. C'est une double série d'engagements, pris de part et d'autre en toute liberté et que l'on s'applique à tenir en bonne foi. Y manquer, de la part des chefs militaires, ce serait tarir la source du recrutement.

Tout ceci conduit à regarder les intérieurs de cette administration, les chefs qui mènent ce chef-d'œuvre.

Je n'ai pas le droit de vous faire le portrait des hommes supérieurs auprès de qui j'ai été introduit. Entrez pourtant avec moi chez l'un de ces généraux, l'un des plus hauts, dont le champ d'action est très vaste.

Une petite pièce nue, le téléphone, de longues tables faites de bois blanc, à peine rabotées, campées sur des chevalets. Là-dessus, des cartes. Sur le côté, un petit fourneau de fonte (du type qu'ils emploient par milliers sous les tentes de leurs blessés). Notre hôte parle, nous donne tous les chiffres, avec une confiance, un sérieux, une absence de tout pédantisme professionnel, le ton simple d'un gentleman.

— Beaucoup de paperasseries? lui disons-nous.

Il se lève, va au petit fourneau de fonte, l'ouvre et dit avec un geste expressif :

— La paperasserie, en temps de guerre, est là.

Tout au long de ce voyage, je suis frappé de cette parfaite simplicité. Ce sont les manières d'un grand propriétaire anglais nous faisant visiter son château, ses écuries, ses serres, ses fermes. Jamais de bruit ni d'embarras. Nous traversons un dépôt de chevaux ; pas d'injures ni de coups des palefreniers à leurs bêtes. Celles-ci ne se cabrent pas, ne ruent pas. Sous leurs cavaliers elles ne piaffent pas. Je songe à nos brillants maréchaux des logis, et comme je m'étonne : « A quoi bon,

Monsieur Barrès, des mouvements inutiles ? puisque ces bêtes sont dressées, elles n'ont pas à bouger pour rien. » Encore un mot que je retiens.

Ce qui frappe le plus au milieu de ces Anglais, c'est que chacun d'eux, officier et soldat, accomplit sa besogne dans le calme, avec une complète sérénité, sans se préoccuper de ce que fait le voisin, n'ayant d'autre souci que de réussir l'œuvre grande ou petite qui lui a été confiée. Une espèce d'optimisme calme et sans forfanterie. Ils ont l'esprit libre, et la machine a l'air de rouler toute seule.

Pourtant quelques Anglais, qui apprécient notre force nerveuse et nos généreuses inquiétudes, voudraient mettre à leurs compatriotes plus de diable au corps.

1er septembre 1915.

VI

L'EFFORT ANGLAIS NE VEUT PAS ÊTRE UN DEMI-EFFORT

Je souhaite que j'aie pu, lecteurs, vous communiquer l'émotion, le plaisir que j'éprouvais à voir la richesse, le bel ordre et le sérieux des forces anglaises dans le Nord. Pour conclure ce récit des impressions d'un promeneur, il faudrait ouvrir mes dossiers et vous donner des chiffres détaillés. Combien les Anglais ont-ils débarqué de soldats sur notre territoire et quelle longueur du front occupent-ils ? Mais on ne parle pas à son aise d'une armée en campagne. Tenons-nous aux déclarations que j'ai déjà rapportées du lieutenant-colonel Henri Page Croft. Ce parlementaire écrit dans le *Times* que trois millions d'hommes se sont engagés volontairement. On sait d'ailleurs qu'environ un million de ces soldats sont aujourd'hui en Belgique et en France. Saisissant résultat d'un effort prodigieux ! Comment la « misérable petite armée », en douze mois, au milieu de l'incessante bataille, et quand elle a rempli de ses héros nos cimetières, s'est-elle ainsi décuplée ? C'est un chef-d'œuvre, un miracle de volonté et de méthode, et voilà justifié le mot de lord Kitchener : « Le monde sera étonné. »

Mais le but de cette guerre n'est pas que l'Angleterre, non plus qu'aucun des Alliés, étonne d'admiration l'univers. Le but de cette guerre est la destruction de l'Empire allemand. Il ne suffit pas que la France soit sortie du cloaque belle comme une créature céleste, ni que la Russie héroïque abatte à coups de hache des Allemands chargés d'armes et de munitions, ni que les Anglais fassent dix fois plus qu'ils n'avaient promis. Une seule chose importe : la victoire, qui nous sauvera de la mort.

Voilà ce que comprennent tous les officiers de l'armée anglaise. Et tandis qu'on admire ce qu'ils ont déjà réalisé, ils se taisent, songeant à mieux faire.

Je ne devais pas me borner, bien que ce fût l'essentiel de ma mission, à regarder ce qui est acquis. Après que j'eus examiné ce qui déjà travaille pour le salut du monde, je me suis inquiété de connaître les vues de ces hommes éminents et comment ils construisent dans leur esprit l'avenir de cette guerre.

Quelle tâche s'attribuent nos puissants alliés? Jusqu'où veulent-ils pousser leurs armements et ce colossal effort? Je me le demande, et tout le jour, à travers les conversations, je cherchais à comprendre le rôle que veut assumer demain l'Angleterre.

Pour être bien sûr de rester dans le fil du courant que je désire vous faire connaître, je ne me fierai pas aux raisons que ma mémoire a conservées; j'emprunterai l'expression de cette manière de penser à un récent article du *Morning Post* du 29 juillet.

« Ne nous berçons pas par des phrases telles que : « Nous faisons notre devoir. » La victoire est la seule chose qui compte. Nous ne serons nullement consolés, si nous sommes vaincus, par la conviction que « nous avons fait tout ce que nos alliés étaient en droit d'attendre ».

« Mais même sur ce terrain, où en sommes-nous ?

« La France a une population de 36 millions d'habitants. L'Angleterre, sans comprendre les colonies et le reste de l'Empire, compte 46 millions d'habitants. Sur l'ensemble des divers théâtres d'opération, nous n'avons pas engagé 40 °/₀ des effectifs fournis par les Français. Si nous parlons seulement de la France et des Flandres, nos forces ne représentent que 28 °/₀ des leurs.

« Avec notre population, nous aurions dû mettre en campagne autant d'hommes que la France, et nous aurions triomphé. La lutte eût été sans espoir pour l'Allemagne. Nous ne faisons pas notre devoir.

« Si nous comparons maintenant le front occupé, nous tenons seulement un sixième de la ligne défendue par les Français. La proportion des lignes est donc pire encore que celle des effectifs. Pourquoi cela? Est-ce donc que les munitions nécessaires pour les Flandres ont été envoyées aux Dardanelles? Avons-nous peur d'engager nos troupes, parce que nous manquons de réserves?

« Il ne doit pas y avoir de demi-mesures dans notre effort. Que penserait-on d'un homme qui lutterait pour sa vie d'une seule main et en donnant seulement la moitié de sa force? L'Allemagne sait qu'il s'agit d'une lutte à mort; elle pèse de tout son poids dans la balance. Toutes les forces de notre nation doivent être tendues vers la victoire.

« Il n'y a pas de « raccourci ». Nous ne

verrons pas la Bulgarie, la Roumanie ni la Grèce entrer en lice; nous ne verrons pas la Russie, la France ni l'Italie faire des miracles. Nous avons de bons alliés, de magnifiques alliés; ils combattent de toutes leurs forces. Pour bien faire, nous devons combattre, nous aussi, de toutes nos forces, comme si nous étions seuls... »

J'ai voulu citer ce long raisonnement pour montrer que ces armements et ces outillages, que j'ai tant admirés, n'apparaissent pourtant, aux yeux de nombreux Anglais et de tous leurs officiers, que comme un demi-effort.

Souvenons-nous que l'Angleterre, c'est le grand pays où l'on aime vouloir et persister dans son vouloir, où le héros national Robinson Crusoé, qui n'avait d'abord qu'une misérable petite boîte d'outils, sut fortifier son cœur et durement travailler afin de dominer les circonstances défavorables. Derrière les forces militaires et industrielles que l'on me montrait, j'ai distingué une énergie spirituelle qui leur est encore supérieure. L'indomptable patience de la race anglaise, son invincible volonté de ne jamais céder, combattent étroitement associées à nos puissances d'élan. Volonté anglaise, enthousiasme français, ce génie de chaleur, ce génie de froide persistance briseront l'organisation germanique qui les nie, qui les hait, qui les voudrait détruire.

Nous combattons, nous voulons vaincre pour maintenir la France et toutes ces riches variétés de la civilisation que l'Allemagne, affolée par la Prusse, voudrait unifier. J'ai entendu et j'ai rapporté, dans mon premier article, la réponse que fit le général anglais au salut cordial du maire député, mon ami, dans une petite ville du Pas-de-Calais. Il dit, ce général : « Ne nous remerciez pas de notre concours, nous nous battons pour l'Angleterre. » J'ai entendu cela avec sympathie, et j'ai bien compris que c'était une idée claire et vraie, une certaine manière courtoise de dire : « Ne prenez pas la peine de nous être reconnaissants. » Mais cette phrase, accueillie dans mon cœur, en prenait la forme, et je la leur renvoyais élargie à la mesure des sentiments que nous inspirent nos vaillants et loyaux alliés.

Quand je m'assure qu'Anglais, Russes, Italiens, Belges et Serbes, nous mettrons la camisole de force à ces fous furieux d'Austro-Allemands, je ne m'en réjouis pas seulement pour la France, mais pour la variété et la liberté du génie des peuples et pour cette noble Angleterre qui court un péril mortel, car nous croyons fermement que le salut de l'esprit spontané du monde dépend de la victoire des armées alliées, et nul des peuples menacés dans leur plus profonde raison d'être ne peut se contenter d'un demi-effort.

2 septembre 1915.

APPENDICE

L'AMITIÉ CANADIENNE

C'est notre force qui nous sauvera, mais le vœu de l'univers nous assiste. Au milieu de nos durs sacrifices, nous aimons nous savoir aimés, et la sympathie des peuples ajoute en les attendrissant à nos certitudes croissantes de victoire.

René Perrout, « le bourgeois d'Épinal », qui a célébré les gloires de sa ville dans le passé et qui nous donne maintenant, comme un cahier de ses Mémoires, *Épinal en août et décembre 1914* (1), me raconte que les Canadiens envoient des vêtements aux populations vosgiennes. Ils y joignent

(1) Épinal, imprimerie Klein. Prix, 2 francs, au profit des blessés. Avec une image d'Épinal en couleurs, par Hansi.

des billets d'amitié. Un inconnu généreux écrit à un inconnu malheureux et qu'il aime.

Voici la figure du petit carton glissé dans chaque paquet par les soins du Comité France-Amérique. Ils sont tous pareils, sauf le nom du donateur qui varie :

« L'AIDE A LA FRANCE »

Jadis la France sur nos bords
Jeta sa semence immortelle...
(Louis FRECHETTE, poète canadien.)

A une Française, avec les sympathies et les meilleurs vœux d'une Canadienne-Française, et en témoignage d'admiration pour les femmes qui ont donné à la France de si héroïques soldats.

NOM : Amédée Pilon.
LOCALITÉ : Saint-Timothée.
Comté de Beauharnois.
Province de Québec (CANADA).

Sur le verso tout en blanc, chacun, n'écoutant que son cœur, écrit ce qu'il veut dire au pauvre Vosgien qu'il secourt. Je recopie quelques-unes de ces paroles touchantes :

Courage, vous qui souffrez. Le jour de gloire viendra pour la France...

Notre prière de chaque jour est : Vive la France !

Nous admirons votre courage, vaillants Français. Puissiez-vous être victorieux !

Courage, vous souffrez. Dieu ne peut permettre longtemps de pareilles injustices.

Courage, braves Français, votre Joffre vous conduira à la victoire.

Qu'elles soient bénies, ces voix lointaines, ces voix efficaces d'une amitié penchée vers nous par delà l'Océan !

Parfois, l'accent se fait plus pressant. Écoutez Mme Joseph Bourleau, de Sainte-Monique, dans le comté de Nicolet, province de Québec. Elle écrit :

Une mère canadienne-française s'adresse à une mère affligée de la France : je suis pauvre moi-même et sans appui ; cependant je suis heureuse de pouvoir vous donner une couverture. Et je vous offre mes plus vives et sincères sympathies.

Dans un chaud vêtement, on trouve le touchant billet que voici :

Cette douillette a été portée par les sept enfants de la même famille canadienne à leur jour de baptême et, d'après une vieille coutume canadienne, ce vêtement est généralement gardé dans la famille et remis à l'aînée des filles pour le baptême de son premier-né. Le père de ces enfants me l'a remise en me disant qu'il en faisait le sacrifice de grand cœur pour un petit ou une petite Française, en lui souhaitant toute sorte de bonheur. Moi, je ne désire pour le petit être qui s'en couvrira que de ressembler à ceux qui l'ont porté déjà et qui sont tous de beaux et forts enfants. Une carte à l'aînée des petites filles qui aurait dû avoir cette douillette lui ferait plaisir, j'en suis sûre. Voici son adresse : Marguerite Tourangeau, 606, Saint-Vallier, Montréal.

J'envoie à Marguerite Tourangeau un exemplaire de *Colette Baudoche*.

Ces Canadiens ont mieux fait encore que de vêtir nos éprouvés de la guerre. Ils nous ont donné leur sang. Quelqu'un me trace une simple esquisse à la Delacroix de l'arrivée d'un contingent canadien dans une petite ville des Flandres : « Ils débouchaient, superbes et dégingandés, quatre par quatre, au pas, avec leur manière de porter le fusil va comme je te pousse, leur tenue kaki, la casquette ou le bonnet sur la tête, fumant, sifflant, chantant, l'air résolu et gouailleur, des vieux, des jeunes, tous rasés, bien chaussés, équipements flambants neufs, avec des chevaux magnifiques et cette procession de voitures et de matériel qui suit les régiments anglais : voitures pour les couvertures, les manteaux, voiture à linge, voiture-filtre à distiller l'eau, cuisines roulantes, qui chauffaient la soupe et l'apportaient toute chaude et prête à servir à l'étape. Tout ce monde-là très gai, l'air vainqueur, ne doutant pas qu'ils allaient tout bousculer... »

Ces brillants auxiliaires ne nous sont pas venus d'une manière irréfléchie, mais après étude et par une libre décision bien débattue, bien voulue. Était-ce pour le Canada une obligation constitutionnelle de prendre part aux guerres de la Grande-Bretagne ? un intérêt moral d'aider la cause française ? Le parti purement nationaliste, dans un sentiment un peu étroit, comment dirais-je, un peu provincial, eût été porté, paraît-il, à s'isoler, à ne rien vouloir connaître du monde extérieur ; on me dit qu'un leader comme Bourrassa, homme de grand cœur, de grand talent, jugerait que cette guerre n'intéresse que très secondairement les Canadiens. Peu à peu, la thèse adverse prévalut. Parmi ces Canadiens, tous persuadés de l'immense destinée promise à leur pays, un grand nombre se refusent à chercher un simple développement économique. A leurs yeux, la patrie est autre chose qu'une vaste exploitation minière ou industrielle. Ils aspirent pour elle à un rôle spirituel. Les questions de langue, de religions et de races sont essentielles là-bas et tout au fond se trouve toujours le problème franco-anglais. Cette guerre des Alliés est pour le Canada la manière la plus efficace de résoudre ses difficultés intérieures, et c'est en outre une façon de prendre rang de grande nation.

Voulez-vous voir ce débat mis en action et chargé de toute sa richesse, lisez avec moi une belle et profonde lettre que m'écrivait le capitaine Louis Gillet sur la mort d'un jeune Canadien tombé dans les Flandres au champ d'honneur. Louis Gillet, au sortir de l'École normale, fut durant quelques années professeur à Montréal. Et puis c'est toujours si beau d'entendre un soldat parler d'un soldat.

Je viens d'apprendre avec douleur la mort d'un ami, un Canadien anglais, le charmant Guy Drummond, tué à Langemarck : la destinée la plus brillante, la fortune, le goût, une femme adorable, toutes les ambitions permises et, pour finir, une balle boche stupide dans une tranchée flamande. La mort du mari d'Amélie, dans *Vanity Fair*, de Thackeray. Je suis navré.

Guy Drummond avait le goût de l'action. Il se destinait au Parlement. C'est assez la tradition anglaise pour l'aristocratie et les grandes fortunes ; c'est une rareté en Amérique où il arrive parfois que la politique est abandonnée aux brasseurs d'affaires. Mon ami voulait réagir contre ce discrédit ; il avait l'ambition peut-être un peu naïve d'assainir, de purifier l'atmosphère politique en l'arrachant aux luttes de petits intérêts, en la ramenant aux grandes vues et aux grandes idées. Je ne prétends pas qu'à vingt-cinq ans mon ami avait découvert la formule du grand rôle spirituel, de la mission qu'il rêvait que sa patrie remplît, mais il sentait l'importance et l'élargissement de l'avenir canadien. Il s'était donné, pour aborder sa tâche, une culture étendue qu'il perfectionnait sans cesse.

Je le vois toujours dans le salon de sa mère, à Montréal, une des maisons anglaises où l'on avait des égards pour ce qui est français et où régnait l'idée de la vraie politesse et des manières raffinées. C'était alors un grand garçon de dix-huit ans, de la plus aimable figure, le regard caressant, modeste, mais déjà porté vers les grandes choses par l'assurance que lui donnait sa situation dans le monde, le charme de sa personne et cette confiance générale qu'il respirait autour de lui. A l'Université, il se distinguait de ses camarades par une sorte d'aveu unanime de sa supériorité. Il avait tout ce qui réussit. Il avait le charme, la séduction, le don de la parole agréable qui déjà annonçait l'orateur. Il faisait songer à une esquisse, un léger crayon du jeune Disraeli. Il avait voulu compléter sa préparation par un séjour de deux ans en France et en Angleterre. La dernière fois que je l'ai vu, c'était il y a un an, à Chaalis; il venait de se marier et faisait les honneurs de la France à sa femme.

Je n'avais pas eu de ses nouvelles depuis la guerre. J'ai appris son engagement en même temps que sa mort. Mais cette mort est un acte, une idée pleine de sens. Je ne sais ce qu'aurait fait plus tard mon jeune ami, ce qu'aurait réalisé son action politique. Au fond, je me demande, tout en le pleurant, s'il n'a pas réalisé d'un seul coup la mesure, et la plus magnifique, de sa noblesse et de ses services. Il lie le Canada aux gloires de cette guerre. Par sa mort, Guy Drummond justifie toutes les espérances que nous avions mises en lui : ce jeune sang versé est le gage de la vertu politique de son idéalisme...

Que ce bel hommage soit celui de la France au jeune héros canadien tombé pour nous au champ d'honneur.

Les voix se croisent par-dessus l'Océan. La lettre familière de Louis Gillet que je transcris avec indiscrétion pour qu'elle dise là-bas avec quelle piété nous ensevelissons leurs morts, se croise en mer avec d'autres lettres dont je veux aussi que l'on surprenne l'accent vrai. Écoutez ce qu'écrit un grand avocat de Montréal à M. E. Aine, à Paris :

Quand on parle la même langue, on a nécessairement un grand fonds d'idées parentes, une façon de sentir et de penser à peu près uniforme, un idéal commun. Et lorsqu'un jour j'ai foulé le sol de France, tout ce vieux fonds d'atavisme à peine soupçonné a afflué à la surface.

Aujourd'hui, nous comprenons au Canada que la mission des Canadiens-Français est de ressaisir le flambeau qui vacillait, d'en aviver la flamme et de démontrer aux autres éléments de cette nouvelle race qui est en gestation dans notre vaste Dominion que, sans la pensée française et la civilisation gréco-latine, le monde fera fausse route.

Les 6.000 Canadiens tombés à Ypres, Langemarck, Saint-Éloi, à la gauche des Anglais, à la droite des Français, symbolisent à merveille notre situation morale et ethnique entre nos deux patries : ils sauvèrent l'aile gauche anglaise et furent eux-mêmes sauvés par les Français après avoir résisté assez longtemps pour leur permettre de se reformer.

Nous sommes fiers d'avoir été à la peine et à l'honneur ; nous remplacerons nos vides au fur et à mesure. Cette semaine, 10.000 des nôtres traverseront l'Océan; samedi, 35 infirmières de Montréal s'embarquaient sur le *Transylvania*. Quand même! Le coup du *Lusitania* écœure, il ne terrorise pas. Vous nous avez trop bien donné l'exemple pour nous permettre la moindre défaillance de ce genre.

Les Canadiens en France se sont battus comme des preux. Vous connaissez Langemarck et l'affaire des gaz asphyxiants? Ils formaient la gauche des Anglais, qui, pendant six heures (notre droite étant rompue) fut menacée d'être enveloppée; il fallut se dégager par des charges réitérées et recoudre ensuite les morceaux coupés de notre ligne. Les régiments canadiens, les divisions de l'Ontario, de Toronto, de Québec, se sont couverts de gloire..... Comme il va falloir que la France soit belle après la victoire pour payer tous ces dons, tous ces cœurs ailés, toutes ces imaginations qui courent à son aide et cette jeunesse sanglante. Fils de Garibaldi, enfants du Canada, et vous, troupes d'Afrique et des Indes !

On aime se savoir ainsi aidé, aimé. Dans cet appui matériel et spirituel, la France trouve un surplus de confiance.

11 août 1915.

LE DÉFILÉ DES RACES

AMIES DE LA FRANCE

Cette guerre, probablement la plus formidable que le monde ait vue, est, je pense, aussi la plus pittoresque. Quel bariolage inouï sur nos lignes de feu où toutes les nations se viennent ranger à nos côtés contre la sombre Germanie! En deux jours de promenade, vous y pouvez voir à la fois les Canadiens des lacs, les spahis, les Indiens du Nopal, les Arabes et les Noirs.

Une jeune Normande du pays de Rouen m'écrit, tout éblouie, une page charmante, qu'on ne lira pas sans un sourire de sympathie.

« Je suis, me dit-elle, dans le ravissement, je viens de voir, comme en une vision, des milliers d'Hindous. Voici deux jours qu'il en passe à deux minutes de chez nous.

« Que de beauté ! Les premiers avaient un teint doré ; à l'instant, ils sont plus bruns, presque comme des cigares de la Havane, et des yeux ! Quels yeux ! larges, graves, d'un noir de braise, sauf un chef, qui les avait tout bleus. Oh ! celui-là, on l'aurait pris pour un être du ciel. Ils sont placides, ont le geste très lent ; et, dans un imperceptible sourire, découvrent des perles. Ils ont des turbans légèrement pointus de rois mages ; ceux des chefs sont en soie brute, quelquefois relevés de rouge vif. Il y en a de tout jeunes, quinze ans peut-être. Des Anglais les accompagnent, que leurs gesticulations rendent comiques auprès des autres. Ma sœur pâlissait et était malade de voir tant de beauté; moi, je me possédais, je voulais bien les examiner pour vous les décrire... »

D'autres yeux moins jeunes, moins chercheurs ne laissent pas d'être sensibles à ce pittoresque et de le noter. Le capitaine Louis Gillet me décrivait, l'autre jour, un couvent des Flandres tout plein d'admirables spahis, des spahis aux vestes rouges, pansant leurs petits chevaux, promenant leurs turbans dans les cours, rêvant, riant, étalant tout leur magnifique Orient. « Quel contraste! une station d'autos et de motocyclettes d'état-major, un poste de secours militaire, le mouvement et les organes des services d'une armée moderne, et puis dans le jardin, sous des ifs taillés et sur des pelouses bien entretenues, une école de petites filles. Notre couvent, comme il put faire au moyen âge, abrite toute la vie du dehors, chassée, réfugiée dans ses murs. Voilà de bons moines à ceinture de cuir, de calmes jardiniers à capuchon, de joyeux religieux hollandais dont la tête semble sculptée dans un quartier luisant du fromage de leur pays, de splendides musulmans, des officiers affairés, des femmes qui tricotent en surveillant des petites filles, et tout cela pêle-mêle, en ordre pourtant, sous l'œil de Dieu, pendant qu'on se tue à deux lieues de là et que le ronflement d'un taube passe là-haut dans le bleu. »

C'est une des poésies de cette guerre que ce bariolage de nos lignes de bataille. Nous laissons loin derrière nous la Grande Armée, avec ses Polonais de Poniatowski et ses mamelucks, qui lui prêtèrent de si belles couleurs romantiques. Hugo ne verrait plus qu'une première esquisse dans ses fameuses strophes :

> ...les fantassins épiques
> Et les rouges lanciers fourmillant sous les piques
> Comme des fleurs de pourpre en l'épaisseur des blés...

Il les élargirait et les rechargerait. L'Algérie, le Maroc, le Soudan, les légers campements de goumiers et les mystérieux Hindous et, pour finir, ces divisions canadiennes, qui nous apportent de l'autre extrémité du monde l'atmosphère des lacs et de la Prairie avec des noms de Chateaubriand ! Il n'y a pas que la jeune Normande et sa sœur pour sentir le romanesque de ces grands déplacements de jeunes destinées. Dites-moi si vous ne trouvez pas dans les lignes que voici, extraites de la lettre d'un officier à sa femme, l'accent des Byron et des Delacroix.

Il vient d'assister au passage d'un contingent du Canada, la division d'Ontario, et sous le coup du spectacle il écrit :

« Je cherchais à voir au passage ceux que la mort choisira, les victimes désignées pour les balles. Un jeune homme sur un immense cheval, avec le feutre canadien, à demi couché sur sa bête puissante, roulait parmi l'équipement, la selle, le seau pendu à l'encolure, la crinière volante, avec un air étonnant de cow-boy, comme une figure de la Prairie. C'était le ranch en marche, les gens habitués au plein air, au camping, aux vastes dimensions de leur patrie. On se rend compte qu'au bout de huit mois de guerre il doit être décourageant de recevoir sur les bras de telles recrues d'ennemis. Que peut l'Allemagne contre l'inexorable volonté de l'Angleterre ? »

Cette dernière phrase nous ramène à nos affaires et au centre de nos préoccupations. Les quatre-vingt-treize Allemands signataires du fameux « Manifeste des Intellectuels », défendent aux Anglais et à nous de nous « poser en défenseurs de la civilisation », parce que nous offrons « au monde le spectacle savoureux de lâcher sur la race blanche les Mongols et les Nègres ». Il n'est à retenir de cet argument qu'un aveu de la peur que nos vaillants auxiliaires inspirent au militarisme allemand, qui voudrait agenouiller par la force tous les peuples devant l'idole germanique et qui ne sait pas ou même ne peut pas comprendre comment nos officiers sont aimés et admirés de leurs tirailleurs noirs. Je devrais citer ici les pages inoubliables de Baratier, de Mangin, pour m'en tenir aux preuves les plus récentes de notre génie d'amitié, et j'y joindrais telle lettre qu'Ernest Psichari m'écrivait de Mauritanie avec un enthousiasme d'apôtre pour l'âme des indigènes dont il étudiait le sens religieux. C'est Baratier, je crois, qui dans ses récits des *Épopées africaines* cite le mot si touchant que les Bambaras répètent souvent à nos officiers : « Moi, noir; mais comme toi y a cœur blanc! » Les officiers allemands n'obtiendront jamais de leurs soldats, derrière lesquels ils courent le revolver au poing, l'affection que nos tirailleurs prodiguent à leurs chefs, comme des enfants à leurs pères.

Nos Marocains, nos Sénégalais, les Hindous, les Peaux-Rouges canadiens eux-mêmes, s'il en est, ont beau promener sur nos champs de bataille des pigments divers et des indices craniens fort variés : leur présence témoigne de la puissance de civilisation et de persuasion de la France et de l'Angleterre.

Mais il y a plus, le bariolage pittoresque des armées alliées rappelle tout ce que la mégalomanie allemande menace à travers le monde. Leur pittoresque illustre et nous rappelle le caractère « mondial » du conflit. Combien, même parmi les gens d'esprit ouvert et d'horizon étendu, se font mal à l'idée que nos 400 kilomètres de front français sont une aile et parfois un pivot, un barrage épisodique dans la lutte engagée? La partie qui se joue et où nous tous, Français, nous avons engagé notre fortune, notre vie et celle de nos enfants, ne se bornera pas à décider si la France doit survivre ou disparaître; elle réglera en même temps cinquante questions, telles que celles-ci : les Indes échapperont-elles à la domination anglaise? la colonisation des États-Unis du centre par l'Allemagne sera-t-elle compromise? la Turquie d'Asie va-t-elle être soustraite aux entreprises allemandes? C'est cela et bien d'autres choses encore qu'il y a derrière l'émerveillement d'une jeune fille de Rouen.

12 août 1915.

NOTES

Note 1 (page 36). — *Je m'excuse de ne pas connaître le nom de ce héros...*

Voici deux lettres que je reçois et qui éclairent le problème :

Le colonel Bourgeois, commandant le 8e régiment de marche de tirailleurs indigènes.

Le 31 août 1915.

En lisant votre article « Les Canadiens », *Écho de Paris* du 30 août 1915, je constate le légitime orgueil dont vous faites preuve, en citant l'action héroïque accomplie au milieu des troupes canadiennes par un chef de bataillon de turcos.

Je commandais alors le 1er tirailleurs de marche, et le 22 au soir (17 heures) ses deux bataillons tenaient les tranchées de première ligne entre Langemarck et Poelcapelle.

L'action des gaz asphyxiants sur mon pauvre régiment fut foudroyante ; et malgré des prodiges de valeur, de dévouement, d'abnégation, la brèche fut faite.

Deux compagnies du 2e bataillon purent se replier à droite sur les Canadiens ; elles étaient commandées par le commandant Seguy-Villevaleix, un héros, s'il en fut, qui faisait depuis longtemps, en Algérie, au Maroc, l'admiration de ses tirailleurs par sa crânerie et son sang-froid.

Je m'honorerai toujours d'avoir, le 22 avril au soir, commandé à de tels hommes. Nous fûmes écrasés sous la mitraille, nous fûmes anéantis. Je ne puis vous citer les pertes ; elles sont effroyables.

Il y aura long à dire après la guerre sur cette néfaste journée de Langemarck ; mon devoir actuellement est de glorifier nos morts.

Aussi ai-je tenu à vous fournir le renseignement que vous sollicitez, espérant que sous votre plume le nom du commandant Seguy-Villevaleix, du 1er tirailleurs de marche, restera impérissable.

Recevez, Monsieur, avec mes sentiments de vive gratitude, mes salutations les plus empressées.

BOURGEOIS.

***

Au cantonnement, le 6 septembre 1915.

Cher Monsieur et ami,

Ce n'est pas sans une profonde émotion que j'ai lu votre article du 30 écoulé (*L'Écho de Paris*, Les Canadiens). Vous y parlez d'un héroïque chef de bataillon français et vous vous excusez auprès des lecteurs d'ignorer le nom de ce sublime héros.

J'ai l'honneur de vous le faire connaître. C'est le chef de bataillon Seguy-Villevaleix Henry, qui alors commandait le 2e bataillon de mon régiment.

Le *Journal officiel* du 19 juin 1915 fait mention d'une citation à l'ordre de l'armée à notre tant regretté commandant.

Je ne puis m'étendre davantage, et vous en comprenez légitimement la raison.

Je ne voudrais clore cette lettre sans vous assurer de notre grande patience et surtout notre grande confiance dans l'issue de la lutte contre nos ennemis héréditaires. Tant pis si nous mourons pourvu que : Vive la France !

Recevez, cher Monsieur et ami, mes bien respectueuses salutations.

A. DOMENGE,
Secrétaire du 2e bataillon,
1er tirailleurs de marche,
S. P. 68.

NOTE 2 (page 36).

Monsieur MAURICE BARRÈS,

Les Belges qui ont lu le compte rendu de votre visite aux Anglais *Les Canadiens,* réclament ou une visite ou une petite correction.

Le jour où les Canadiens luttaient à droite des Français pour enrayer l'avance boche due aux gaz asphyxiants, les grenadiers et les carabiniers de l'armée belge se faisaient exterminer pour boucher le trou sombre de Steenstraete.

Le capitaine belge
J. JACOBY.

Mon capitaine, je vous remercie de m'aider à réparer l'injustice que je semblais faire à nos vaillants amis de Belgique aimés et admirés de tous les Français.

NOTE 3 (page 32). — *C'est la première fois que ce vieux talisman..... a été senti, pensé devant moi comme un signe vivant.*

Sur cette phrase j'ai reçu, en date du 2 septembre 1915, une lettre portant dans un angle du papier le signe mystérieux, et cette lettre donnait un son qui m'a trop plu pour que l'ayant éveillé je n'essaie pas de le faire retentir chez de nouveaux lecteurs.

Cette lettre n'était pas signée. Puisse-t-elle passer sous les yeux de celui qui la traça et que je désire connaître. La voici sans que j'y change un seul mot.

« *Ce talisman enchante mon esprit.* »

2 septembre 1915.

Monsieur BARRÈS,

Si, peu avant la guerre, le hasard de vos pérégrinations vous avait conduit en une verte vallée d'Argonne, depuis glorieusement célèbre, si vous étiez entré en une petite tuilerie blottie au pied d'une agreste chalaide, vous auriez pu, sur quelques-unes des tuiles, de ces bonnes tuiles creuses, lorraines, imbrices, toujours restées romaines, remarquer nettement empreint en leur pâte molle votre cher Svastika.

Le tuilier qui bien souvent avait « senti, pensé » ce signe gravé sur les boucles mérovingiennes, inscrit sur la panse des vases carolingiens qu'il avait effossés de nos vieilles nécropoles de Lorraine, l'avait fidèlement reproduit.

« Était-ce pour s'assurer la chance ? » — Peut-être.

Il était heureux époux et père. Sa tuilerie prospérait.

La guerre est venue; comme les autres, avant les autres, il est parti.

La tuilerie est presque détruite, lui a versé son sang. Éclopé, il est rentré à son dépôt, en cette Bretagne imprégnée des souvenirs et des traditions des Celtes aryens fervents du Svastika.

Sur le fond de sa gamelle et de son « quart » (prosaïques mais si indispensables ustensiles), pour les reconnaître en cas de chapardage, qu'a-t-il tracé ? Son cher symbole du bon augure.

Avant-hier (comme tous les soirs), lisant votre premier-Echo, il a tressailli de saine allégresse en voyant que comme le vôtre son esprit fut enchanté..... et il ne peut s'empêcher que de vous le dire.

Après la guerre, si..... nous en reparlerons, n'est-ce pas, Monsieur Barrès ? L'ex-tuilier alors pourra vous mener chez un de ses maîtres, le « Médecin de Campagne » meusien, et là en contemplant de merveilleux objets antiques dont beaucoup portent le Signe, vous pourrez lire de savoureuses pages inédites, écrites par le vieux docteur pour la glorification de *notre* Svastika.

L'enraciné d'Argonne.
161e d'infanterie.

J'accepte avec empressement l'aimable rendez-vous.

TABLE DES MATIERES

NANCY-PARIS, IMPRIMERIE BERGER-LEVRAULT — OCTOBRE 1915

www.ingramcontent.com/pod-product-compliance
Ingram Content Group UK Ltd.
Pitfield, Milton Keynes, MK11 3LW, UK
UKHW031918260826
14628UKWH00003B/1271

9 782013 450393